# BEI GRIN MACHT SICH IHR
# WISSEN BEZAHLT

# Der Einfluss künstlicher Intelligenz auf die Arbeitswelt der Medizin

Lennart Loose

**Bibliografische Information der Deutschen Nationalbibliothek:**

Die Deutsche Nationalbibliothek verzeichnet diese Publikation in der Deutschen Nationalbibliografie; detaillierte bibliografische Daten sind im Internet über http://dnb.d-nb.de abrufbar.

ISBN: 9783346708007
Dieses Buch ist auch als E-Book erhältlich.

© GRIN Publishing GmbH
Nymphenburger Straße 86
80636 München

Druck und Bindung: Books on Demand GmbH, Norderstedt Germany
Gedruckt auf säurefreiem Papier aus verantwortungsvollen Quellen

Das vorliegende Werk wurde sorgfältig erarbeitet. Dennoch übernehmen Autoren und Verlag für die Richtigkeit von Angaben, Hinweisen, Links und Ratschlägen sowie eventuelle Druckfehler keine Haftung.

Das Buch bei GRIN: https://www.grin.com/document/1266989

# Hausarbeit Künstliche Intelligenz

Im Studiengang Informatik (B.Sc.) der IU Internationale Hochschule

## Der Einfluss künstlicher Intelligenz auf die Arbeitswelt der Medizin

Vorgelegt von:　　　　　Lennart Vincent Loose

Durchführungszeitraum:　　Sommersemester 2022

Inhalt

# I. Abbildungsverzeichnis

# II. Abkürzungsverzeichnis

| AMTS-Check | Arzneimittel- und Therapie-Check |
|---|---|
| CNN | Convolutional Neural Network |
| DR | Diabetic Retinopathy |
| GPU | Graphics Processing Unit |
| ISO | International Organization for Standardization |
| KI | Künstliche Intelligenz |
| MDR | Medical Device Regulation |
| NLP | Natural Language Processing |
| PPI | Protonenpumpeninhibitor |
| rDR | referable Diabetic Retinopathy |
| RISE | Regulatorische Anforderungen, Interpretierbarkeit, Strukturierte Datenqualität, Evidenz |
| SNOMED | Systematized Nomenclature of Medicine |
| vtDR | vision threating Diabetic Retinopathy |

# 1. Einleitung

Die Anwendung der künstlichen Intelligenz (KI) hält Einzug in viele Aspekte unseres täglichen Lebens: sowohl im Privaten als auch in der Arbeitswelt haben sie sich als wertvolle Assistenten längst etabliert (IU 2020: S. 12). Ein Gebiet, das von dieser Entwicklung profitiert, ist das Gesundheitswesen. Stark wachsende und komplexe Datensätze haben in diesem Feld einen hohen Wert für Innovationen sowie Prozesse im Unternehmen und werden durch Nutzung von Methoden der künstlichen Intelligenz verarbeitet und zur Unterstützung weiterverwendet (Varghese 2022: S. 448). Zusätzlich zu den technischen Aspekten einer KI-Anwendung im klinischen Bereich müssen im Gesundheitswesen noch weitere berücksichtigt werden, die als „RISE"-Kriterien zusammengefasst sind. Ergänzt werden sie um ethische, rechtliche und IT-Sicherheitsaspekte sowie Anforderungen an den Datenschutz. Aktuelle Umsetzungen der KI in der Medizin und Gegenstand einer Vielzahl von Forschungsarbeiten sind vor Allem die Unterstützung der Diagnostik, um eine höhere Genauigkeit zu erzielen. Die automatische Klassifikation von Tumoren oder Arrhythmien (Herzrhythmusstörungen) sind Beispiele dieses Forschungsfeldes, wobei andere Forschungen bereits in die Praxis überführt und regulatorisch zugelassen werden konnten. So beispielsweise das auf CNN-Verarbeitung basierende „IDx-DR"-System der Augenheilkunde, das Retinopathien (Schädigungen der Netzhaut) anhand von Bilddaten diagnostizieren kann (Abràmoff et al. 2016: S. 5200), (Digital Diagnostics 2022). Weitere Anwendung findet die künstliche Intelligenz auch in der semantischen Analyse auf Basis des Machine Learning sowie regelbasierter KI-Algorithmen, um das Wissen aus zunächst unstrukturierten Datenbeständen zu strukturieren und zu extrahieren, denn die freitextliche Dokumentation von nutzbarem Wissen ist in der Medizin noch immer dominierend (Sander und Müller 2022: S.492). Aus diesem Wissen können dann weitere Erkenntnisse gewonnen werden, die wiederum die Qualität der Behandlung erhöhen, die Forschung fördern oder eine nachträgliche Reflektion von Krankheitsverläufen ermöglichen können (Sander und Müller 2022: S. 493-494). Ziel der vorliegenden Arbeit ist es, die Einflüsse KI-gestützter Methoden auf das Arbeitsfeld der Medizin anhand ausgewählter Beispiele darzustellen und zu erläutern. Weiterhin werden die Chancen und Widerstände sowie ein Ausblick auf die Entwicklung skizziert.

## 2. Künstliche Intelligenz in der Medizin

Die Arbeitswelt der Medizin befindet sich inmitten der digitalen Transformation und wird, wie weite Teile der Gesellschaft, von wachsenden und komplexen Datensätzen beeinflusst. Die KI-basierte Auswertung und Wissensgenerierung aus solchen Datenbeständen könne für ein Unternehmen einen hohen Wert sowie Innovationspotential aufweisen (Varghese 2022: S. 448). Nach den Anfängen der Künstlichen Intelligenz in der Mitte des 20. Jahrhunderts, deren kühne Vision es war, menschliche Denkweisen zu imitieren, folgten zwei Phasen der Ernüchterung, die als „KI-Winter" bekannt wurden und sich über die 1970er und 1980er Jahre erstreckten (McCorduck 2004: S. 418), (Floridi 2020: S. 1). Erst die Entwicklung leistungsstärkerer Hardwareressourcen, besonders der Graphics

Processing Units, ermöglichte es, komplexere Modelle der künstlichen Intelligenz, wie das Deep Learning, zu trainieren. Der Hypothese der zyklischen Bewegungen in der Entwicklung von und dem Interesse an KI folgend (ebenda: S. 1), befinde sich die Technologie aktuell im dritten „KI-Sommer".

Im Arbeitsfeld der Medizin zeichne sich diese aufstrebende Entwicklung aus durch eine große Anzahl an Forschungsansätzen, eine ausgewählte Umsetzung derer in der Praxis sowie die regulatorische Anerkennung der KI-gestützten Software als Medizinprodukt. Im Folgenden werden zwei ausgewählte Anwendungen vorgestellt, die im Arbeitsumfeld bereits zum Einsatz kommen und Unternehmensprozesse fördern.

## 2.1    Unterstützung in der Diagnostik

Die Maßgabe der diagnostischen Unterstützung ist das Verbessern der Patientenversorgung (Henke et al. 2022: S. 449). Dies erfolge durch eine hohe Diagnosepräzision sowie die Vorhersagekraft der zugrundeliegenden KI-Modelle. Ein Anwendungsgebiet der KI-gestützten Diagnostik ist das automatisierte Erkennen der diabetischen Retinopathie. Diese Erkrankung der Netzhaut des Auges betrifft die kleinen Blutgefäße, die durch die krankheitsbedingte Erhöhung sowohl des Blutzuckerspiegels (Hyperglykämie) als auch des Blutdrucks (Hypertonie) beschädigt werden (Hammes 2004: S. 1159). Die Bedeutung der Diagnose der Retinopathie sei dabei signifikant: nach einer Erkrankungsdauer von 15 bis 20 Jahren seien 95% der Patienten von Erblindung betroffen (Schöffel et al. 2016: S. 101). Im Jahr 2006 waren dies immerhin 24.000 Fälle (Ahmed et al. 2006: S. 2205). Aktuelle Methoden nutzen bereits KI-Modelle und ermöglichen es, die Diagnostik kostengünstig und allgemeinzugänglich durchzuführen. Mit Methoden des Deep Learning konnten hohe Erfolgsraten erzielt und herkömmliche Analysetechniken übertroffen werden (Abràmoff et al. 2016: S. 5200). Diese Machine-Learning Methode, die auf neuronalen Netzen basiert, nutzt eine hohe Anzahl an Ebenen, die sich zwischen Ein- und Ausgabeschicht befinden (mehrschichtiges Lernen), um komplexe Sachverhalte durch das neuronale Netz abzubilden. So leiste es nicht nur im Bereich der Medizin einen wesentlichen Beitrag zum Fortschritt der künstlichen Intelligenz, sondern werde auch in der Fertigung und dem Finanzwesen eingesetzt. (IU 2022: S. 115). Wie oben dargestellt, wurde dies erst durch die Verfügbarkeit hoher Rechenleistung, besonders der GPUs, möglich (Floridi 2020: S. 1), sodass in den 2010er Jahren eine technische Umsetzung des Deep Learning erfolgte. Im Falle der diabetischen Retinopathie kommt das Konzept des Convolutional Neural Network (CNN) zum Einsatz. Diese Art neuronaler Netze zeichne sich dadurch aus, dass sie Daten verarbeiten, die einen gitterartigen Aufbau haben, also als Matrix vorliegen. Die Dimensionen eines Bildes liegen dann in Form von Höhe, Breite und Farbwert vor. Vorteilhaft daran sei, dass die Bilddaten nicht erst in Vektoren umgewandelt werden müssen und dadurch eine hohe Performanz vorliege. (IU 2022: S. 120-121) Ein Diagnosegerät, das die Methode des Deep Learning einsetzt, ist das „IDx-DR". Es nutze mehrere CNNs, die darauf trainiert werden Blutungen, Wundflüssigkeit und Läsionen zu erkennen. Außerdem könne es mit Hilfe eines zusätzlichen Algorithmus, der überwacht trainiert wurde, normale Netzhautanatomien erkennen. Daher wird das IDx-DR als „hybrides System" (Abràmoff et al. 2016: S. 5201) eingesetzt. In der praktischen Anwendung nutze das Diagnosegerät zwei wesentliche

Softwarekomponenten: einerseits eine Patientensoftware, die am Ort der Untersuchung angewendet werde sowie andererseits eine Analysesoftware, die auf einem Server betrieben und gewartet werde und die genannten Algorithmen auf die Bilddaten anwende. Die CNN-basierten Detektoren werden jeweils spezifisch auf zu erkennende Läsionen trainiert und dazu 10.000 bis 1.250.000 einzigartige Bildproben zur Verfügung gestellt (Abràmoff et al. 2016: S. 5201). Die Ausgabe der Analysesoftware kenne dabei vier mögliche Ergebnisse: den Negativbefund, milde Retinopathie (rDR), die Sehfähigkeit einschränkende Retinopathie (vtDR) sowie eine unzureichende Qualität der Bilddaten (ebenda: S. 5201). Welche Bedeutung hat eine automatisierte und effiziente Diagnose von diabetischer Retinopathie also für die Arbeitswelt der Medizin? Wie eingangs genannt, sei die Verbesserung der Patientenversorgung die Maßgabe der diagnostischen Unterstützung. Obwohl von der Diabetic Retinopathy Study Research Group (DRS 1976) und der Early Treatment Diabetic Retinopathy Reserach Group (ETDRS 1991) gezeigt werden konnte, dass eine frühe Behandlung der Retinopathie das Risiko der Erblindung um 57% reduziere, würden nach Schoenfeld et al. (2001) 35% der Diabetispatienten der Empfehlung zur Augengesundheit nicht nachkommen und zwei Drittel der Patienten hätten im Vorjahr zur Studie keine Untersuchung der Augen veranlasst (Schoenfeld et al. 2011: S. 563). Die Ursachen für die nicht erfolgten Augenuntersuchungen seien vielschichtig: die Patienten hätten kein Bewusstsein für deren Wichtigkeit, es gäbe keine ausreichenden Transportmöglichkeiten zur Untersuchung oder keine entsprechende Einrichtung. Besonders der Mangel an medizinischem Fachpersonal sei dabei ein Hindernis (Ahmed et al. 2006: S. 2205). Durch die automatisierte Diagnose kann diesbezüglich ein Mehrwert geschaffen werden, sodass die Patientenversorgung zugänglicher und verfügbarer wird.

## 2.2 Semantische Analyse von Behandlungsdokumentationen

Ein bedeutender Bestandteil der Informatik ist das maschinelle Lernen, das in der Lage ist, aus vorhandenen Informationen neues Wissen zu generieren (Russell und Norvig 2021: S. 669). IT-Systeme werden dadurch befähigt, Gesetzmäßigkeiten in vorhandenen Datensätzen zu erkennen, um auf deren Grundlage eigenständig Entscheidungen zu treffen (IU 2022: S. 75-76). Auch in der Medizin sind Informationen Voraussetzung für jede Entscheidung und beeinflussen über die Wissensgenerierung die Qualität der Behandlung. Die Quellen für die Generierung dieses Wissens sind das maschinelle Lernen, das strukturierte Daten einerseits aus Informationssystemen verwendet und andererseits aus Dokumentationen, die unstrukturiert und freitextlich erfolgen. Wie eingangs beschrieben, dominiert diese Art der Information die Medizin noch immer (Sander und Müller 2022: S. 492). Um diese Quellen zur Wissensgenerierung und letztlich verbesserten Patientenversorgung nutzen zu können, werden regelbasierte KI-Algorithmen auf Basis von Terminologien benötigt, die wiederum mittels Natural Language Processing analysiert werden. In Folge der Weiterentwicklung der Medizintechnik und der Behandlungsverfahren nehme auch das Erfassen von Informationen und Wissen zu, sodass neben fachlicher Literatur und den Ergebnissen aus Studien vor Allem die medizinischen Informationssysteme einen Beitrag zur Entscheidungsfindung leisten. Um das Wissen vollumfänglich extrahieren zu können, kann eine semantische Analyse eingesetzt werden. Sie ermöglicht es, die unüberschaubare Anzahl an Quellen automatisiert zu verarbeiten und die benötigten Informationen zur Wissensgenerierung auszuwerten (Fuchslueger 2016: S. 69). Das Potential dieser Extraktion beschränkt sich dabei nicht ausschließlich auf die Kernaufgabe der Patientenversorgung: es wird auch benötigt, um klinische beziehungsweise epidemiologische Forschung zu betreiben, Krankheitsverläufe retrospektiv zu verstehen, Behandlungen zu optimieren oder als Grundlage zur Aus- und Weiterbildung von Fachkräften (Sander und Müller 2022: S. 494). Die wesentliche Quelle, die dazu semantisch analysiert werden sollte, ist die papierbasierte Behandlungsdokumentation. Der Vorgang der Interpretation bediene sich zu diesem Zweck zweier Mechanismen: zum einen der taxonomischen sowie der partitiven Klassifizierung und zum anderen der Auswertung der Informationen. Sander und Müller (2022) verdeutlichen dies in ihrer Arbeit an folgendem Beispiel:

*„Der Patient klagt über deutlich weniger Migräneattacken, seit seine Hypertonie mit Metoprolol behandelt wird"* (Sander und Müller 2022: S. 498).

In dieser praxisüblichen Dokumentation befindet sich zunächst Domänenwissen aus der Medizin, darunter „Migräneattacken", „Hypertonie" (Bluthochdruck) sowie „Metoprolol". Dieses gelte es zu extrahieren, um eine Klassifikation daran anzuschließen. Dabei ist die Migräneattacke eine Form der Migräne, die wiederum einen Kopfschmerz darstellt. Dieser kann eine Diagnose sein oder aber ein Symptom. Mit dieser „taxonomischen Struktur" (Sander und Müller 2022: S. 498) wäre die Klassifizierung abgebildet. Gleichsam werde mit der Hypertonie und dem Metoprolol verfahren. Ersteres ist eine Herzkreislauferkrankung und wurde folglich diagnostiziert. Metoprolol wiederum ist ein Betablocker, also ein Wirkstoff. Der taxonomischen Interpretation folge wie beschrieben die kontextuelle Auswertung. In diesem Beispiel ist der Zusammenhang folgender: Wirkstoffe werden zur Behandlung von Krankheiten eingesetzt und in diesem Falle ist es Metoprolol, das ein Betablocker ist, der bei Hypertonien eingesetzt wird. Hier ist es nun möglich, Wissen zu generieren, denn aus Hypertonie und Metoprolol wird der Zusammenhang „behandelt" hergestellt. Weiterhin stelle sich die Frage, ob der Wirkstoff auch die Migräneattacke lindern könne und, ob alle Betablocker dazu geeignet wären. Durch Abgleich mit bereits vorhandenem Wissen aus Informationssystemen könne anschließend die Plausibilität der Aussage geprüft und/oder neues Wissen extrahiert werden. (Sander und Müller 2022: S. 498) Technisch umgesetzt wird die Analyse durch ein Expertensystem als regelbasierte KI, deren Wissensbasis durch Fakten und Regeln abgebildet werde (IU 2022: S. 150). Dabei begegne die semantische Analyse verschiedenen Herausforderungen. Die deutsche Sprache beispielsweise besitze eine große Vielfalt, um „Negationen sowie Unsicherheiten auszudrücken" (Sander und Müller 2022: S. 499) und habe eine Vielzahl zusammengesetzter Worte. Eine der wesentlichen Aufgaben sei es daher, mittels „Stemming" diese Begriffe in einzelne Worte aufzuteilen, damit diese klassifiziert werden können. Weiterhin sei es schwierig, für die große Menge von Fachbegriffen einer Terminologie effiziente Algorithmen zu implementieren, die diese Datenmengen in verträglichen Laufzeiten bewältigen können. Wie kann sich der praktische Nutzen einer solchen semantischen Analyse in Zusammenspiel mit Informationssystemen in der Arbeitswelt der Medizin nun konkret darstellen? Ein anschauliches Beispiel, das in Deutschland erfolgreich bei der Behandlung von Patienten eingesetzt wird, ist das Terminologiesystem SNOMED (Systematized Nomenclature of Medicine), speziell die Wingert-Nomenklatur. Sie ermögliche es, Relationen herzustellen zwischen Wirkstoffen und Diagnosen und verbinden damit die Arbeitsfelder der Pharmazie und der Medizin. Mögliche Interaktionen können somit ermittelt und potentiell bedrohliche Situationen erkannt werden. (Sander 2020: S. 19) Auf der Wingert-Nomenklatur aufbauend verbindet der „Arzneimittel- und Therapie-Check" (AMTS-Check) natürliche Sprachverarbeitung (NLP), Terminologien sowie regelbasiertes Wissen und erstellt ein patientenindividuelles Sicherheitsprofil mit den Parametern Geschlecht, Größe, Gewicht und Laborwerte. Die semantische Analyse leiste einen entscheidenden Beitrag bei der Interpretation von medizinischen Entlassungsbriefen und generiere neues Wissen. König et al. (2019) untersuchten dazu die Problematik der Protonenpumpeninhibitoren (PPI) und dem Verdacht auf oder den Befund von Osteoporose. Ersteres helfe, den Magen bei der Einnahme von Schmerzmitteln zu schützen, wobei besonders ältere Patienten gleichzeitig häufig Osteoporose aufweisen. PPI stehe dabei in Verdacht, diese Krankheit zu begünstigen. In der Praxis bestehe jedoch regelmäßig eine Kombination aus Schmerzmitteln und Osteoporose, wobei die PPI-Gabe nicht in jedem Fall nötig ist. Terminologiesysteme und inhaltliche Interpretation können diesen Zusammenhang vollautomatisch ermitteln und geben der medizinischen Fachkraft einen Hinweis darauf. Diese könne in der Folge entscheiden, ob die Gabe von PPI überhaupt notwendig sei (König et al. 2019: S. 2). Mit einer Güte von 98% (F-Score) sei das System sowohl präzise als auch korrekt (IU 2022: S. 86-87) und damit eine Hilfe im medizinischen Arbeitsfeld und könne zu einer entscheidenden Sicherheit weiterentwickelt werden, die die Behandlung auf Plausibilität prüft (ebenda: S. 8).

## 2.3  Chancen und Widerstände

In den vorangegangenen Kapiteln wurden praktische Anwendungen auf Basis von künstlicher Intelligenz vorgestellt. Insgesamt nehme der Wert großer Datensätze in der Medizin zu und es werden innovative Auswertungsmethoden forciert (Varghese 2022: S. 447), wodurch auch organisatorische Maßnahmen an Bedeutung gewinnen. Sie ermöglichen eine Transition zu einer breiten Anwendung im klinischen Alltag. Mit den eingangs genannten RISE-Kriterien werden die wesentlichen Herausforderungen zur Integration der KI-Methoden in der Medizin zusammengefasst. Sie zielen dabei ab auf einerseits die Akzeptanz seitens der Benutzer und andererseits Aspekte der Ethik und des Rechts. Das Akronym soll daher im Folgenden näher betrachtet werden. (Varghese 2022: S. 449)

Regulatorische Anforderungen (R): das Ziel im Gesundheitswesen ist die Versorgung der Patienten und Informationssysteme können, wie gezeigt wurde, in der Medizin einen entscheidenden Einfluss nehmen auf die Güte dieser Leistung. Dies gelte besonders für solche Systeme, die nicht lediglich dokumentieren, sondern die Diagnose oder Behandlung beeinflussen können. Softwareprodukte, die einen solchen Einfluss auf die Entscheidungsprozesse haben, werden als Medizinprodukt geführt und müssen für einen klinischen Einsatz zugelassen werden (Becker et al. 2019: S. 212). Die

2020 beschlossene „Medical Device Regulation" (MDR) der Europäischen Union gibt für diese medizinischen Produkte eine Reihe von Gesetzen und Normen vor, die schon in den Stadien der Planung und Entwicklung und auch später im Einsatz zu erfüllen sind (Amtsblatt der europäischen Union 2017). Da der Prozess der Zulassung auch eine kostenintensive Prüfung im klinischen Betrieb voraussetzt, gelte es außerdem, den Mehrwert eines Medizinproduktes zu ermitteln. Dies schließe eine gründliche Recherche unter Einbeziehung bereits vorhandener Konkurrenzprodukte ein.

Interpretierbarkeit und Interoperabilität (I): für dieses Kriterium wird auch der Begriff der Erklärbarkeit der verwendeten Algorithmen verwendet. Die Herausforderung bei der Anwendung von KI-basierten Systemen sei das Nachvollziehen des Entscheidungsprozesses und daraus abgeleitet auch das Vertrauen in sowie die Glaubhaftigkeit der Ergebnisse eines Algorithmus. (IU 2022: S. 164) Dies gelte umso mehr in der Medizin, da gerade in diesem Arbeitsfeld ein KI-System interpretierbar sein sollte, um die Entscheidungsfindung auch durch Fachpersonal verifizieren zu können. Dies ermögliche es den Anwendern, die Option zur Einwilligung oder Widerspruch wahrzunehmen (ebenda: S.164) (Varghese 2022: S. 451). Dies sei außerdem ein wesentliches Kriterium zur Akzeptanz von KI (IU 2022: S. 164). In der Praxis ergebe sich aus dem Spannungsfeld zwischen einerseits effektiven Algorithmen, die jedoch nicht immer interpretierbar sind, sowie andererseits solchen, die eine hohe Interpretation erlauben, jedoch nicht effektiv sind, ein Abtausch (engl. Trade-off). Dieser ist in Abbildung 1 dargestellt. Es wird ersichtlich, dass mit zunehmend komplexerem Modell die Performanz beziehungsweise die Effektivität zunimmt, gleichzeitig die Interpretierbarkeit jedoch verringert wird (Varghese 2022: S. 452). Dies entspräche im Rahmen dieser Arbeit beispielsweise der Bildverarbeitung auf Basis von CNN, die sich äußerst performant, jedoch nur schwer nachvollziehbar darstellt. Im Falle der semantischen Analysen, die im Bereich der Medizin oft auf kleinen Datenbeständen arbeitet (Sander 2020: S. 13), sei eine maschinelle Lernmethode oft besser geeignet, da sie eine höhere Interpretierbarkeit aufweise als ein komplexes Verfahren wie Deep Learning (Varghese 2022: S. 452). Das „I" bezieht sich außerdem auf die Interoperabilität der informationstechnischen Systeme. Die aktuelle Herausforderung ergebe sich durch den Zugang zu Inputdaten, auf deren Basis die KI-Methoden arbeiten und Wissen generieren können. Derzeit seien die medizinischen Daten jedoch weitgehend nicht standardisiert erfasst, sodass die KIs nur auf selbst generierten oder entsprechend zu diesem Zweck von Fremdsystemen erstellten Daten arbeiten können. Schnittstellen zu den klinischen Informationssystemen unter Berücksichtigung von Interoperabilitätsstandards bieten daher ein großes Potential der Wissensgenerierung und unterstreichen die Bedeutung dieses Kriteriums. In Form der ISO-13606 („electronic health record communication") ist dieses Problem bereits adressiert, sodass Patientendaten interoperabel und vertraulich zwischen Informationssystemen ausgetauscht werden können. Dabei werde unterschieden zwischen der syntaktischen und der semantischen Interoperabilität (International Organization for Standardization 2019). Syntaktisch beziehe sich auf das Format des Austausches, schaffe also ein standardisiertes Datenformat, wohingegen die semantische Interoperabilität auf die inhaltliche Bedeutung abziele. Dies könne beispielsweise durch eine einheitliche Terminologie erreicht werden, wie die bereits vorgestellte SNO-MED. (Varghese 2022: S. 453).

Strukturierte Daten (S): dieses Kriterium ist besonders für das Training von KI-Systemen entscheidend, da strukturierte Daten in großen Mengen benötigt werden und diese sich algorithmisch besser auswerten lassen, wenn sie strukturiert vorliegen. Wie in Kapitel 2.2 gezeigt, sei besonders im Bereich der Medizin die Struktur der Daten eine Herausforderung. Für performante KI-Methoden wie die Bildauswertung auf Basis von CNN sei die Notwendigkeit strukturierter Inputdaten besonders hoch und werde durch Bilddaten gewährleistet. Generell beeinflusse die Datenqualität der Inputdaten die Aussagefähigkeit einer Analyse und schließe bestimmte Qualitätsparameter ein: die Datenvollständigkeit, also die Frage, ob zu allen relevanten Objekten die relevanten Datenfelder vorliegen. Weiterhin die Korrektheit der Daten („sind die Werte der Daten korrekt und realistisch?") sowie die Plausibilität: beispielsweise sollte zu einem männlichen Patienten keine diagnostizierte Schwangerschaft vorliegen. Die Trainingsdaten eines KI-Systems sollten außerdem möglichst repräsentativ sein, die Patientendaten also idealerweise aus einer realitätsnahen Menge von Patienten stammen, um Verzerrungen im Lernen zu vermeiden. (Varghese 2022: S. 453-454)

Evidenz (E): Weiterhin müsse ein KI-System auf Performanz getestet werden, die sich wiederum in interne und externe aufteile. Die interne Performanz werde mit bereits erhobenen Daten systematisch geprüft und dazu durch Kreuzvalidierung trainiert und getestet. (Varghese 2022: S. 450) Ziel sei es, die Generalisierbarkeit eines Modells zu evaluieren. Das Prinzip der Überanpassung (engl. overfitting) sei dabei besonders zu beachten. Es bedeutet, dass ein Modell eine hohe Performanz auf einen Trainingsdatensatz aufweise, jedoch nicht die notwendige Abstraktion leisten könne, um einen unbekannten Datensatz präzise zu klassifizieren. (IU 2022: S. 87) Die externe Performanz beziehe sich dabei auf Ergebnisse des tatsächlichen Einsatzes des Produktes, also im Falle der Diagnose der Retinopathie wäre dies die Diagnosegenauigkeit. Maßgeblich für die Bewertung der externen Performanz seien hochwertige, randomisierte Studien mit repräsentativen Fallzahlen. Je höher sie ist, desto leichter sei auch die anschließende Zulassung. (Varghese 2022: S. 450)

Zusammenfassend wurde für die Chancen und Widerstände gezeigt, dass die RISE-Kriterien wesentliche Herausforderungen darstellen, um einen umfassenden Einsatz der KI-Anwendungen in der klinischen Praxis zu ermöglichen. Im Zuge der allgemeinen Entwicklung der KI in der Arbeitswelt der Medizin können sie aber als Transition gesehen werden, die ausgereifte KI-Systeme in breiter Anwendung zum Ziel hat. Die Zunahme der wissenschaftlichen Publikationen zu diesem Thema wirke nach Varghese (2022) vielversprechend, sodass von einer weiteren Integration KI-basierter Anwendungen in der Medizin ausgegangen werden könne. Aktuell befinde sich die Umsetzung der KI in einer Phase der Selektion, die erfolgreiche Anwendungsfälle hervorbringen werde (Varghese 2022: S. 455)

# 3. Zusammenfassung

Ziel der vorliegenden Arbeit war es, die Einflüsse der Künstlichen Intelligenz auf das Arbeitsfeld der Medizin darzustellen sowie deren künftige Entwicklung und aktuelle Widerstände aufzuzeigen. Es wurde gefunden, dass bereits zuverlässige und unterstützende Anwendungen auf Basis von künstlicher Intelligenz Einzug in klinische Arbeitsprozesse gehalten haben. So wird das vollautomatisierte Verarbeiten von Bilddaten mittels CNN-gestützter Algorithmen zur Diagnose von Retinopathien bei Diabetes Mellitus angewandt. Das KI-System ermöglicht es, zeiteffizient und kostengünstig Diagnosen zu stellen, wodurch es mehr Patienten möglich wird, eine Untersuchung vorzunehmen. Die Aufgabe der Medizin, das Verbessern der Patientenversorgung, kann somit direkt gefördert werden, wobei durch frühe Diagnosen eine vorzeitige Erblindung vermieden und die Lebensqualität der Betroffenen erhalten werden kann. Der Einsatz in der semantischen Analyse von Patientendokumentationen in Form eines Expertensystems ist ein weiterer Anwendungsfall der klinischen Arbeitswelt. Es wurde gefunden, dass aus unstrukturierten Daten, die in der Medizin weit verbreitet sind, mit Hilfe der Klassifikation und Interpretation neues Wissen generiert und zur Verbesserung der Patientenversorgung eingesetzt werden kann. Das medizinische Personal kann dadurch in der Entscheidungsfindung unterstützt werden und profitiert in kritischen Fällen von dem generierten Wissen, sodass potentieller Schaden vom Patienten abgewendet wird. Um die KI-gestützten Anwendungen in der Medizin weiter zu etablieren, wurden die RISE-Kriterien definiert, die einerseits wesentliche Herausforderungen, andererseits aber auch Chancen darstellen. Sie definieren regulatorische Anforderungen, wie beispielsweise die Zulassung von diagnostischer Software als Medizinprodukt. Die Interoperabilität von informationstechnischen Systemen birgt als weiteres Kriterium großes Potential zur Wissensgenerierung und Versorgungsverbesserung, während die Interpretierbarkeit ermöglicht, Entscheidungen der KI zu verstehen und dieser einzuwilligen oder sie abzulehnen, wodurch auch die Akzeptanz verbessert wird. Die Struktur der Daten stellt als Kriterium die Bedeutung der Inputdaten dar, um die KI zu trainieren und aussagekräftige Analysen überhaupt möglich zu machen. Die Evidenz als viertes Kriterium bezieht sich dabei auf den tatsächlichen Einsatz einer Anwendung und äußert sich beispielsweise in der Diagnosegenauigkeit. Um sie zuverlässig zu bewerten, sind randomisierte Studien mit ausreichend großen Fallzahlen nötig. Weiterhin muss beachtet werden, dass die eingesetzten Modelle der KI nicht überangepasst werden, sondern auch an unbekannten Datensätzen eine ausreichende Abstraktion geleistet wird.

# III.   Literaturverzeichnis

**Abràmoff**, M., Lou, Y., Erginay, A., Clarida, W., Amelon, R., Folk, J., Niemeijer, M. (2016): Improved Automated Detection of Diabetic Retinopathy on a Publicly Available Dataset Through Integration of Deep Learning. Invest Ophthalmol Vis Sci. 2016; 57: 5200-5206.

**Ahmed**, J., Ward, T., Bursell, S.-E., Aiello, L., Cavallerano, J., Vigersky, R. (2006): The Sensitivity and Specificity of Nonmydriatic Digital Stereoscopic Retina Imaging in Detecting Diabetic Retinopathy. Diabetis Care 29: 2205-2209, 2006.

**Amtsblatt der europäischen Union** (2017): Verordnungen (EU) 2017/745 des Europäischen Parlaments und des Rates vom 5. April 2017 über Medizinprodukte, zur Änderung der Richtlinie 2001/83/EG, der Verordnung (EG) Nr. 178/2002 und der Verordnung (EG) Nr. 1223/2009 und zur Aufhebung der Richtlinien 90/385/EWG und 93/42/EWG des Rates

**Becker**, K., Lipprandt, M., Röhrig, R., Neumuth, T. (2019): Digital health – Software as a medical device in focus of the medical device regulation (MDR). It – information Technology 2019; 61(5-6): 211–218.

**Diabetic Retinopathy Study Research Group, The** (1976): Preliminary report on effects of photocoagulation therapy. Am J Ophthalmol 81: 383–396, 1976

**Digital Diagnostics** (2022): IDx-DR. Close Gaps, Prevent Blindness. (URL: https://www.digitaldiagnostics.com/products/eye-disease/idx-dr/ [letzter Zugriff: 08.05.2022])

**Early Treatment Diabetic Retinopathy Study Research Group**: Early photocoagulation for diabetic retinopathy: ETDRS report number 9. Ophthalmology 98 (Suppl. 5): 766 –785, 1991

**Floridi**, L. (2020): AI and It's New Winter: from Myths to Realities. Philos. Technol. 33, 1–3

**Fuchslueger**, J. (2016): Semantische Analyse unstrukturierter Daten. Review und Analyse: Big-Data Ansatz bei internen Untersuchungen anhand eines Beispiels. ALJ 1/2016, 68–77

**Hammes**, H.-P. (2004): Diabetische Retinopathie. Ein internistischer Beitrag zu einem ophthalmologischen Thema. Der Ophthalmologe, 101, 1159-1164, 2004.

**Henke**, V., Hülsken, G., Meier, P.-M., Beß, A. (2022): Digitalstrategie im Krankenhaus. Einführung und Umsetzung von Datenkompetenz und Compliance. Springer Fachmedien Wiesbaden GmbH. Abraham-Lincoln-Str. 46, 65189 Wiesbaden, Germany.

**International Organization for Standardization** (2019): ISO 13606.1:2019. Health informatics – Electronic health record communication – Part 1: Reference model (URL: https://www.iso.org/obp/ui/#iso:std:iso:13606:-1:ed-2:v1:en [letzter Zugriff: 20.05.2022])

**IU** (2022): Studienskript Künstliche Intelligenz DLBIKI01. IU Internationale Hochschule GmbH. Juri-Gagarin-Ring 152, D-99084 Erfurt.

**König**, M., Sander, A., Demuth, I., Diekmann, D., Steinhagen-Thiessen, E. (2019): Knowledge-based best of breed approach for automated detection of clinical events based on German free text digital hospital discharge letters. PLoS ONE 14 (11): e0224916

**McCorduck**, P. (2004): Machines Who Think. A Personal Inquiry into the history and Prospects of Artifical Intelligence. CRC Press. Taylor & Francis Group. Boca Raton London New York.

**Sander**, A. (2020): SNOMED CT – Erlösung oder Herausforderung? In: edition. Fachzeitschrift für Terminologie. 2, 13-21, 2020.

**Sander**, A., Müller, A. (2022): Semantische Analyse: Möglichkeiten, Auswertungsbeispiele und Perspektiven. In: Digitalstrategie im Krankenhaus. Einführung und Umsetzung von Datenkompetenz und Compliance. Springer Fachmedien Wiesbaden GmbH. Abraham-Lincoln-Str. 46, 65189 Wiesbaden, Germany.

**Schoenfeld**, E., Greene, J., Wu, S., Leske, M. (2001): Patterns of adherence to diabetes vision care guidelines. Ophthalmology 108: 563-571, 2001.

**Russell**, S., Norvig, P. (2021): Artificial Intelligence, Global Edition. A Modern Approach. 4. Auflage, 2021.

**Schöffel**, N., Wahrlich, N., Bauer, J., Bendels, M.H.K., Groneberg, D.A. (2016): Diabetische Retinopathie. Zentralblatt für Arbeitsmedizin, Arbeitsschutz und Ergonomie, 66: 101-104, 2016.

**Varghese**, J. (2020): Artifical Intelligence in Medicine: Chances and Challenges for Wide Clinical Adoption. In: Visceral Medicine. 2020;36: 443-449

**Varghese**, J. (2022): Big Data und Künstliche Intelligenz: Chancen und Anforderungen für einen erfolgreichen und nachhaltigen Einsatz im Gesundheitswesen. In: Digitalstrategie im Krankenhaus. Einführung und Umsetzung von Datenkompetenz und Compliance. Springer Fachmedien Wiesbaden GmbH. Abraham-Lincoln-Str. 46, 65189 Wiesbaden, Germany.

## IV.    Anhang

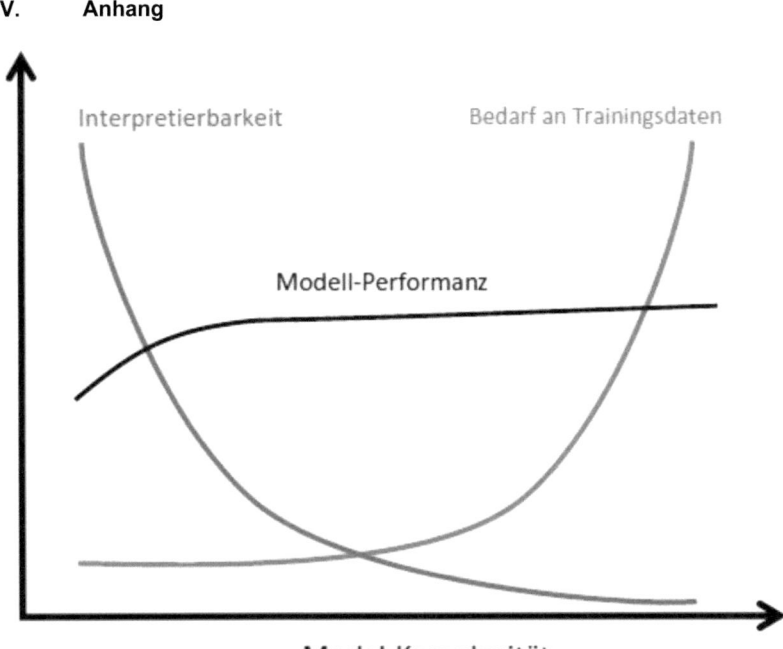

Abbildung 1: Zusammenhang von Modell-Performanz und Komplexität (verändert nach Varghese 2020: S.445)

# BEI GRIN MACHT SICH IHR
# WISSEN BEZAHLT

- Wir veröffentlichen Ihre Hausarbeit,
  Bachelor- und Masterarbeit

- Ihr eigenes eBook und Buch -
  weltweit in allen wichtigen Shops

- Verdienen Sie an jedem Verkauf

Jetzt bei www.GRIN.com hochladen
und kostenlos publizieren